Canciones Románticas
Romantic Spanish Songs

T0045673

CONTIENE (CONTENTS)

ISBN 978-0-634-01825-1

HAL•LEONARD®
CORPORATION

7777 W. BLUEMOUND RD. P.O. BOX 13819 MILWAUKEE, WI 53213

Visit Hal Leonard Online at
www.halleonard.com

ACÉRCATE MÁS
(Come Closer to Me)

Music and Spanish Words by OSVALDO FARRES
English Words by AL STEWART

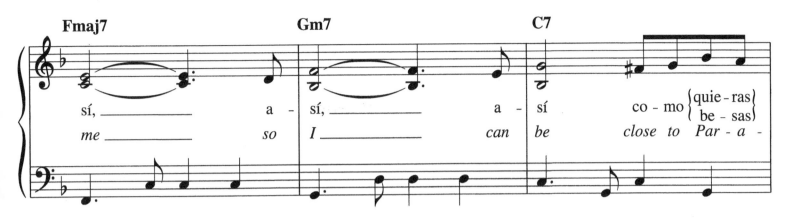

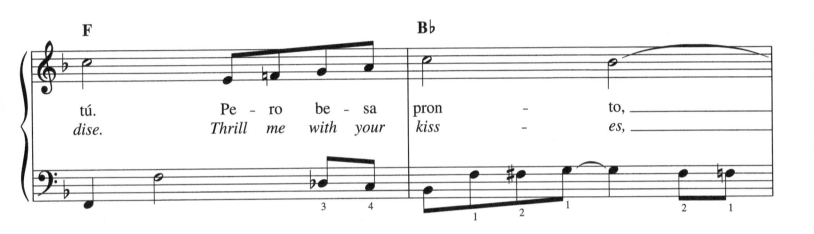

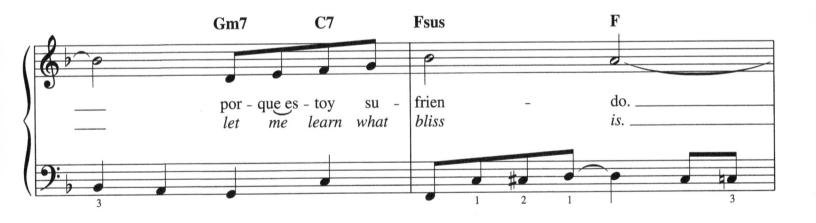

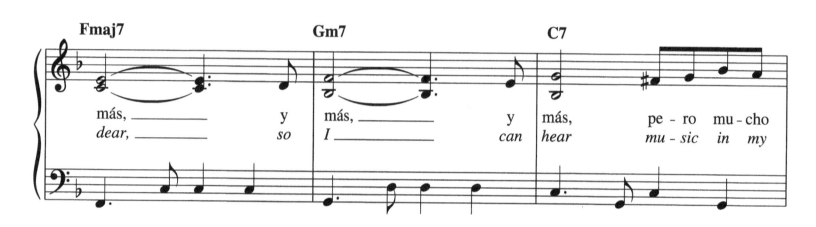

AMOR
(Amor, Amor, Amor)

Music by GABRIEL RUIZ
Spanish Words by RICARDO LOPEZ MENDEZ
English Words by NORMAN NEWELL

Medium Beguine

A - mor, _____ a - mor, _____ a -
A - mor, _____ a - mor, _____ a -

mor, _____ Na - cio de ti, Na - cio de
mor, _____ *that's how I say* *the Lat - in*

mi, de la es - pe - ran - za. _____ A -
way *how much I love you.* _____ A -

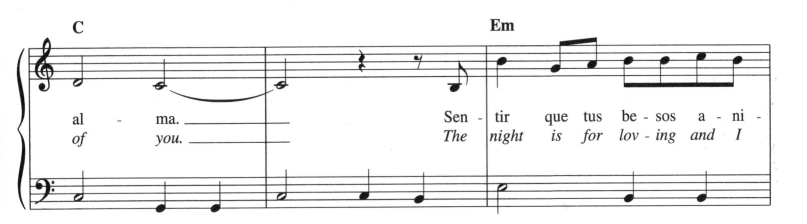

je - ras de luz. Sa - ber que mis be - sos se que -
please let me stay? *I can't go on liv - ing if you*

da - ron en ti, ha - cien - do en tus la - bios la se -
turn me a - way, so why not give in and let the

ñal de la cruz. A - mor, _____ a -
lov - in' be - gin. A - mor, _____ a -

mor, _____ a - mor, _____
mor, _____ a - mor, _____

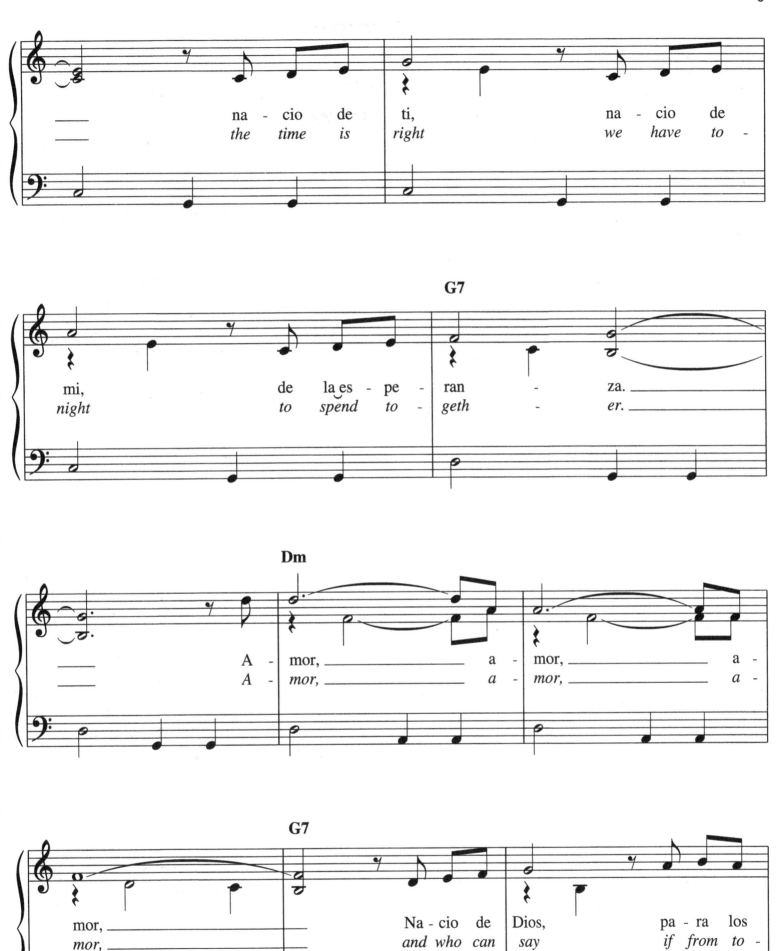

AQUELLOS OJOS VERDES
(Green Eyes)

Music by NILO MENENDEZ
Spanish Words by ADOLFO UTRERA
English Words by E. RIVERA and E. WOODS

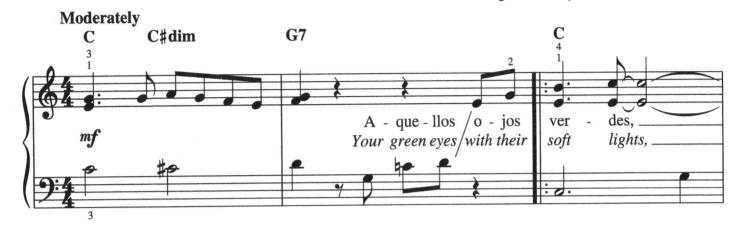

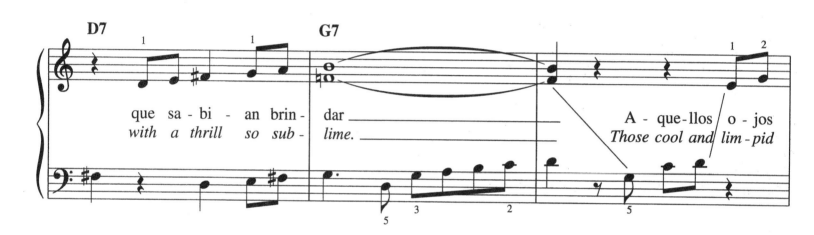

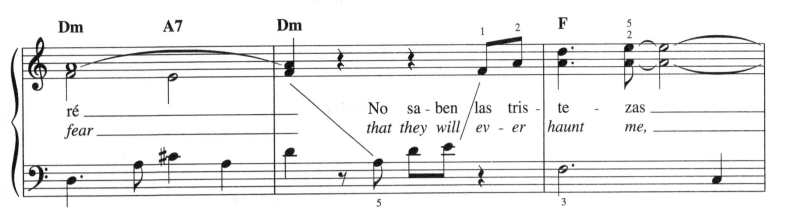

BÉSAME MUCHO
(Kiss Me Much)

Music and Spanish Words by CONSUELO VELAZQUEZ
English Words by SUNNY SKYLAR

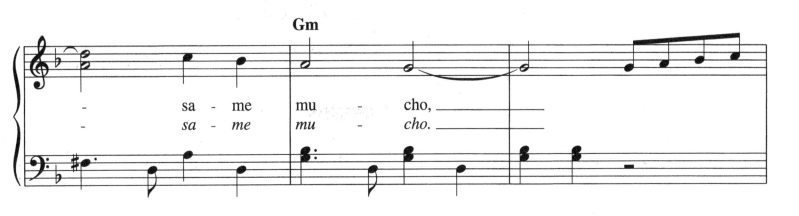

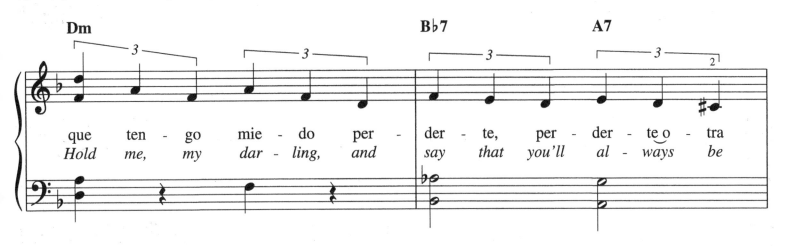

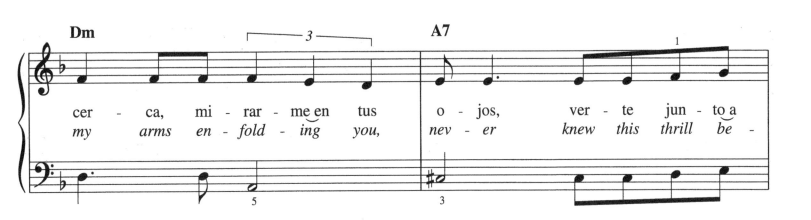

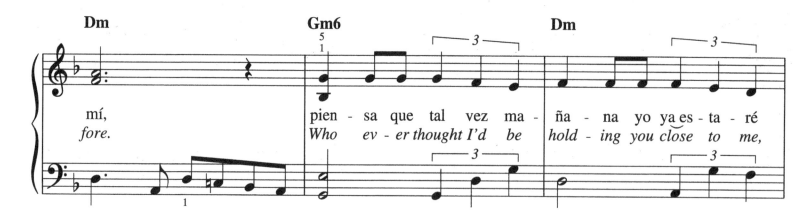

vez.
through.

Bé -
Bé -

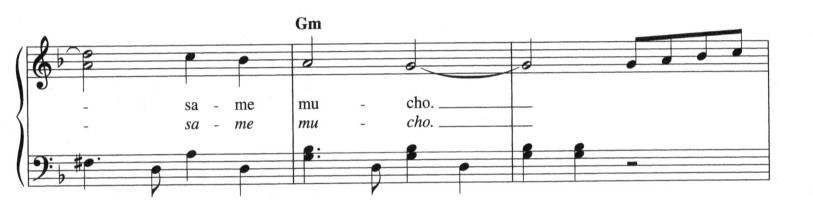

\- sa - me mu - cho. _____
\- *sa* - *me* *mu* - *cho.* _____

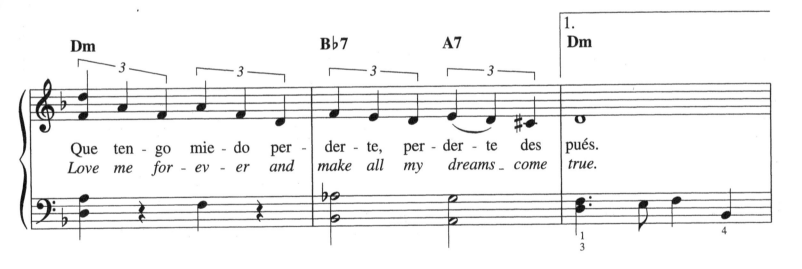

Que ten - go mie - do per - der - te, per - der - te des pués.
Love me for - ev - er and make all my dreams _ come true.

pués.
true.

CUANDO CALIENTA EL SOL
(Love Me with All Your Heart)

Original Words and Music by CARLOS RIGUAL
and CARLOS A. MARTINOLI
English Words by SUNNY SKYLAR

Cuan-do ca-lien-ta el sol ___ a-quí en la pla - ya ___
Love me with all your heart; _ that's all I want, love. ___

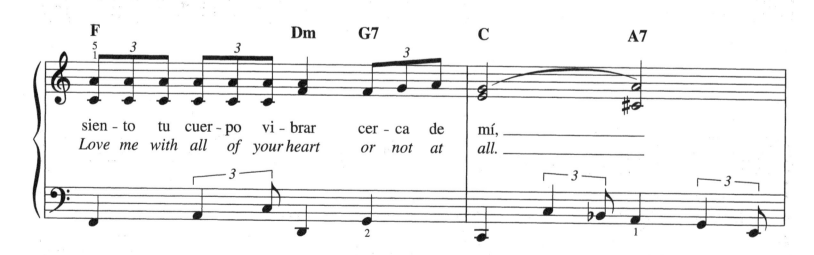

sien - to tu cuer-po vi - brar cer - ca de mí, ___
Love me with all of your heart or not at all. ___

es tu pal - pi - tar _____ tu re - cuer - do _____ mi lo - cu - ra _____ mi de -
Don't give me your love _____ for a mo - ment _____ or an ho - ur. _____ Love me

li - rio _____ me es - tre - mez - co - o - o - o, cuan - do ca - lien - ta el
al - ways _____ as you loved me _____ from the start, with ev - 'ry beat of your

sol.
heart.

sol.
heart.

CUANDO SE QUIERE DE VERAS

(Yours)

Words by ALBERT GAMSE and JACK SHERR
Music by GONZALO ROIG

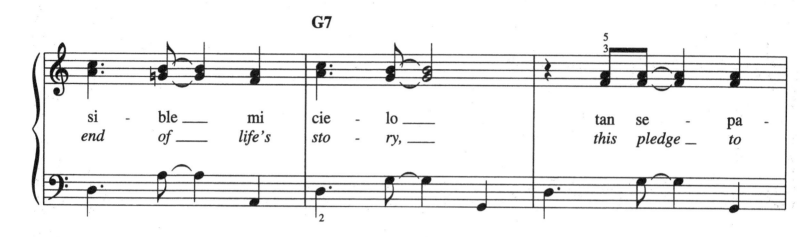

si - ble __ mi cie - lo __ tan se - pa -
end of __ life's sto - ry, __ this pledge __ to

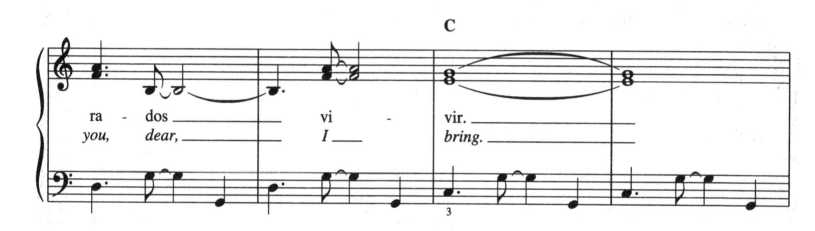

ra - dos __ vi - vir. __
you, dear, __ I __ bring.

Cuan - do __ se quie - re de ve - ras __
Yours in __ the gray of __ De - cem - ber, __

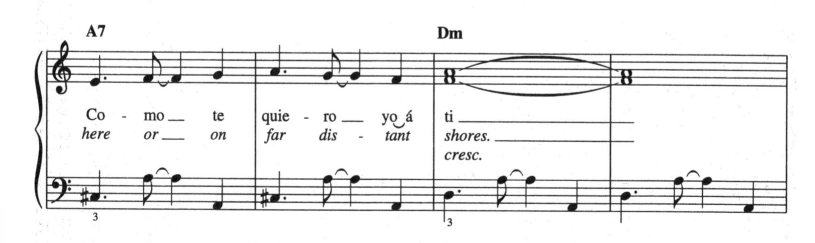

Co - mo __ te quie - ro __ yo á ti __
here or __ on far dis - tant shores. __
cresc.

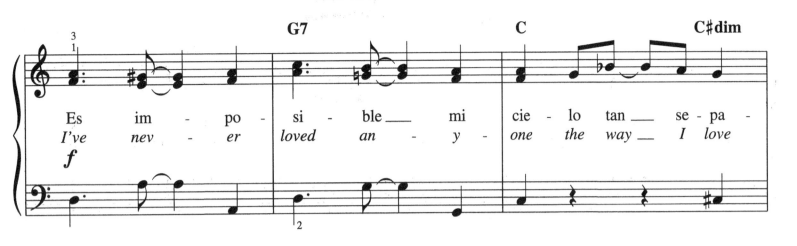

Es im - po - si - ble ___ mi cie - lo tan ___ se - pa -
I've nev - er loved an - y - one the way ___ I love

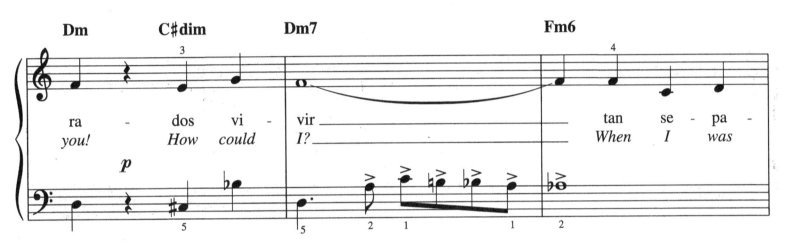

ra - dos vi - vir ___ tan se - pa -
you! How could I? ___ When I was

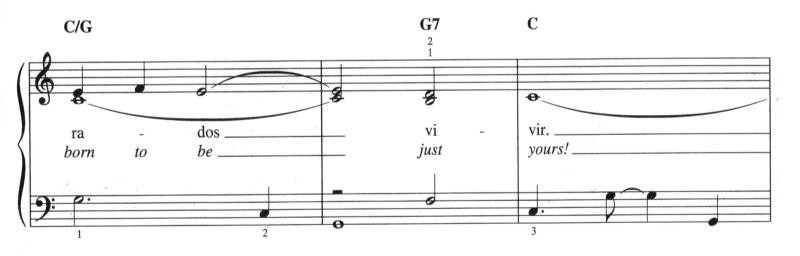

ra - dos ___ vi - vir. ___
born to be ___ just yours! ___

EL RELOJ

Words and Music by
ROBERTO CANTORAL

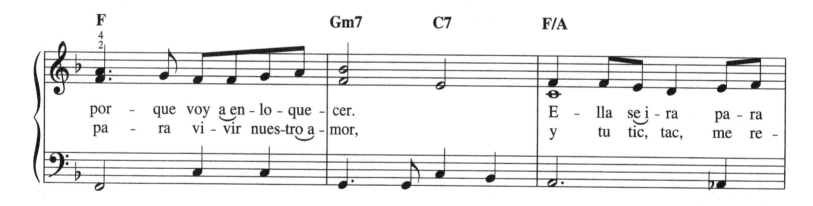

Re - loj, no mar - ques las ho - ras
más nos que - da es - ta no - che

por - que voy a en - lo - que - cer.
pa - ra vi - vir nues-tro a - mor,

E - lla se i - ra pa - ra
y tu tic, tac, me re -

siem - pre
cuer - da

cuan - do a - ma - nez - ca o - tra vez.
mi i - rre - me - dia - ble do -

No -

INOLVIDABLE

Words and Music by
JULIO GUTIERREZ

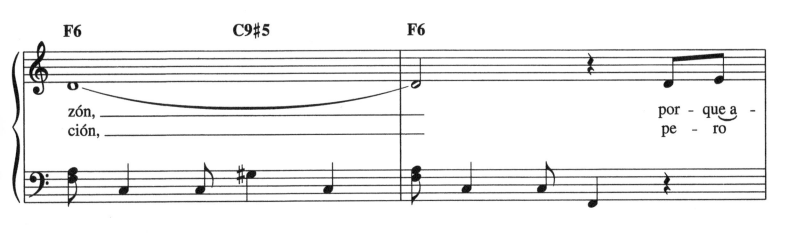

F6   **C9#5**   **F6**

zón, _____ por - que a -
ción, _____ pe - ro

Bm7♭5   **E7**

que - llo que un dí - a nos hi - zo tem - blar de a - le -
só - lo con - si - guen ha - cer - me re - cor - dar los

1.
Am

grí - a, _____ es men -

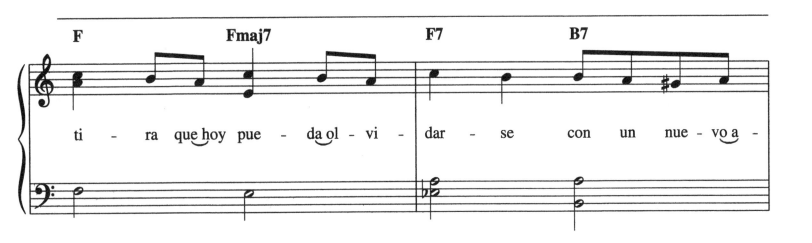

F   **Fmaj7**   **F7**   **B7**

ti - ra que hoy pue - da ol - vi - dar - se con un nue - vo a -

PERFIDIA

Words and Music by
ALBERTO DOMINGUEZ

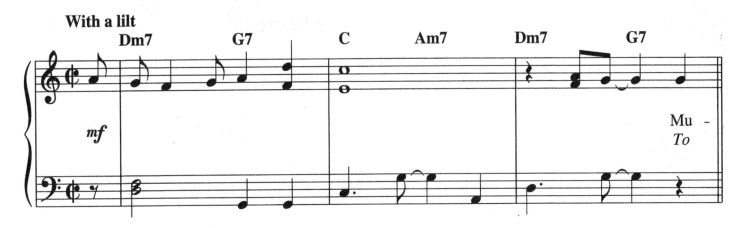

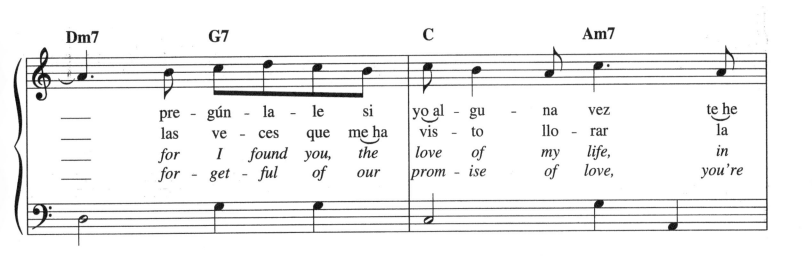

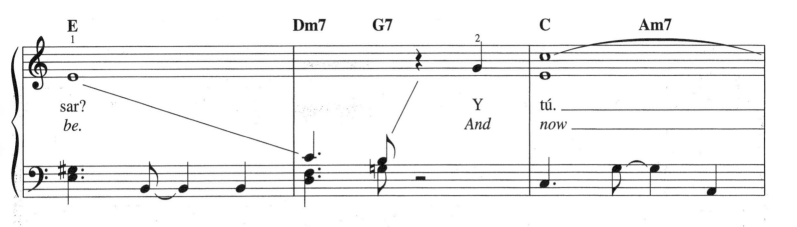

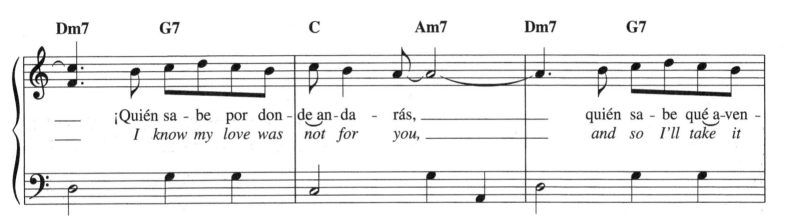

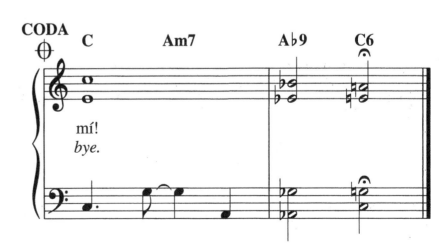

LA BARCA

Words and Music by
ROBERTO CANTORAL

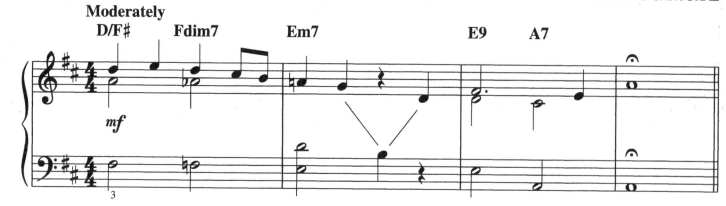

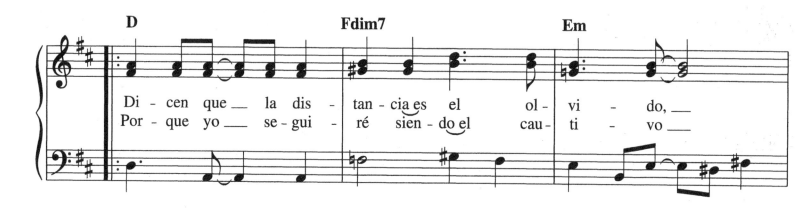

Di - cen que __ la dis - tan - cia es el ol - vi - do, __
Por - que yo __ se - gui - ré sien - do el cau - ti - vo

pe - ro yo __ no con - ci - bo e __ sa ra -
de los ca - pri - chos de tu __ co - ra -

1. zón.

2. zón.

en la pri - me - ra   no - che   que   te a -

F#   **Em**

mé. _____

Hoy mi pla - ya se
Cuan - do la ___ luz del

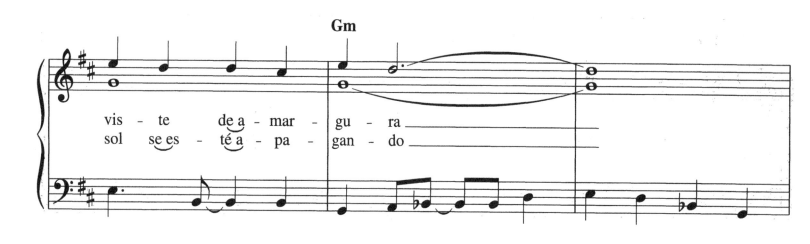

Gm

vis - te   de a - mar - gu - ra _____
sol se es - té a - pa - gan - do _____

Dmaj7   **C#**

por - que tu ___ bar - ca   tie - ne   que   par - tir _____
y   te sien - tas can - sa - da   de   va - gar _____

LA PUERTA

Words and Music by
LUIS DEMETRIO

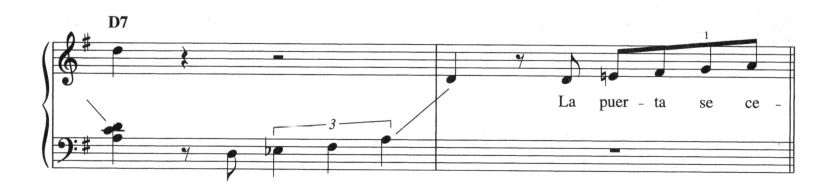

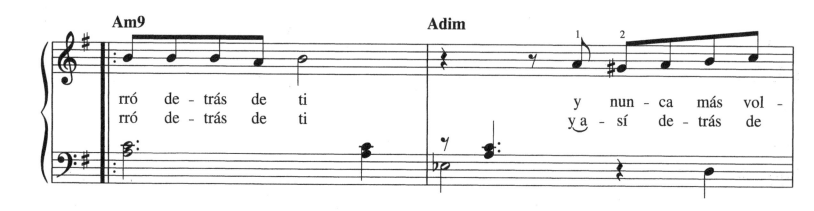

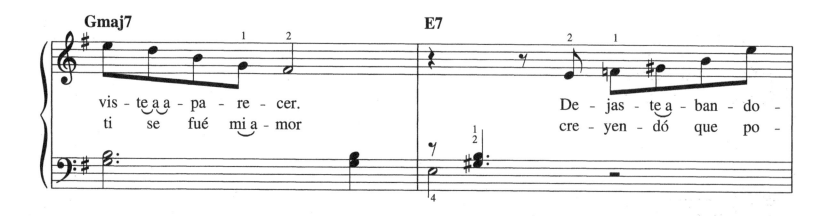

Am   **D7**

na - da la i - lu - sión   que ha - bía en mi co - ra - zón   por
drí - a con - ven - cer   a tu al - ma de mi pa - de -

1. **Gmaj7**   **Am7**   **Gmaj9**   2. **G**

ti.   La puer - ta se ce - cer.

Dm9

Pe - ro es que no su - pis - te so - por - tar   las

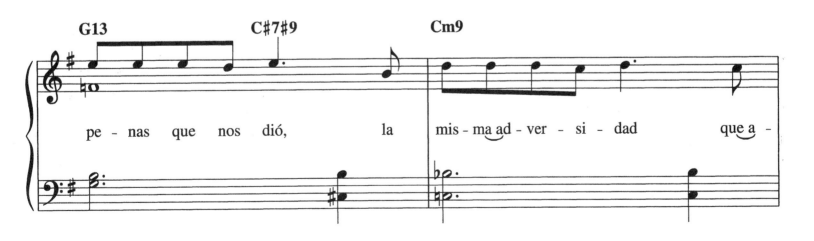

G13   **C#7#9**   **Cm9**

pe - nas que nos dió,   la mis - ma ad - ver - si - dad   que a -

si co - mo tam - bién nos dió fe - li - ci - dad, nos

vi - no a cas - ti - gar con el do - lor.

La puer - ta se ce - rró de - trás de ti

y nun - ca más vol - vis - te a a - pa - re - cer.

De - jas - te a - ban - do - na - da la i - lu - sión   que ha-

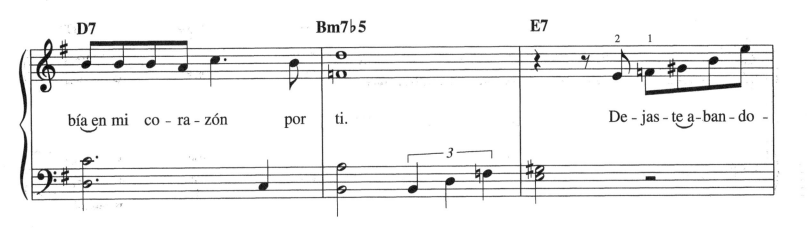

bía en mi co - ra - zón   por ti.   De - jas - te a - ban - do -

na - da la i - lu - sión   que ha - bía en mi co - ra - zón   por ti.

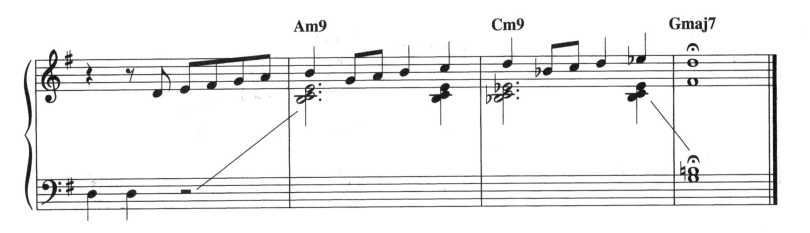

NOCHE DE RONDA
(Be Mine Tonight)

Original Words and Music by MARIA TERESA LARA
English Words by SUNNY SKYLAR

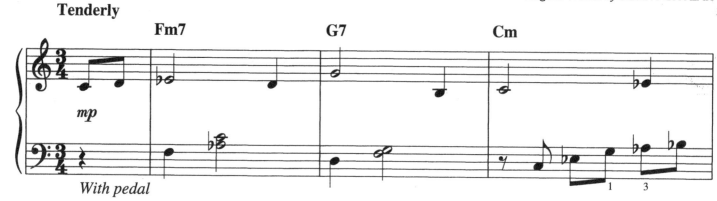

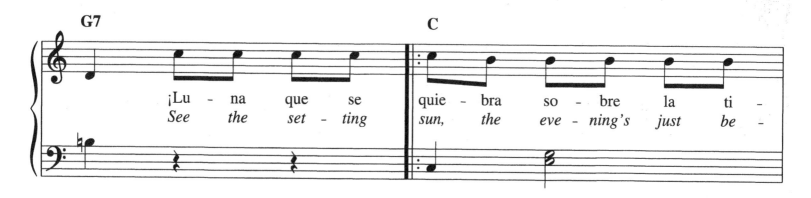

¡Lu - na que se
See the set - ting

quie - bra so - bre la ti -
sun, the eve - ning's just be -

nie - bla de mi so - le - dad!
gun and love is in the air;

¿A -
be

C/E
don
mine

E♭dim7
de
to -

G7
vas?
night.

41

¿Di - me si es - ta no - che tú te vas de
At a time like this, would you re - fuse the

ron - da co - mo e - lla se fué, con
kiss I'm beg - ging you to share? Be

G7#5 **C6**

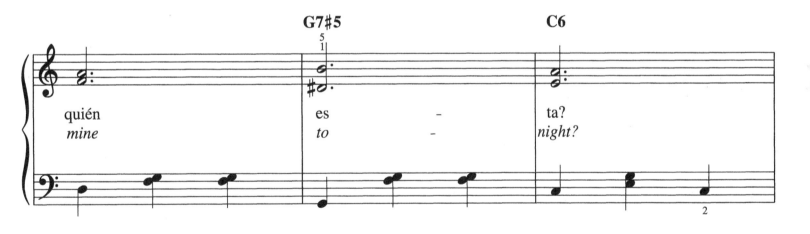

quién es - ta?
mine to - night?

C

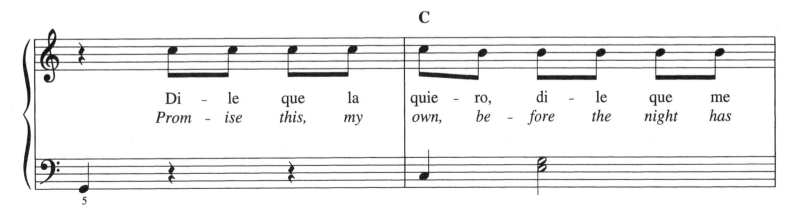

Di - le que la quie - ro, di - le que me
Prom - ise this, my own, be - fore the night has

42

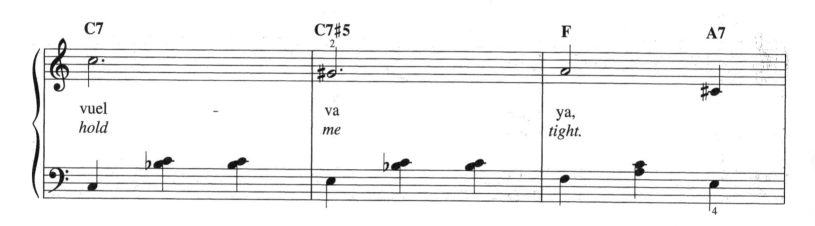

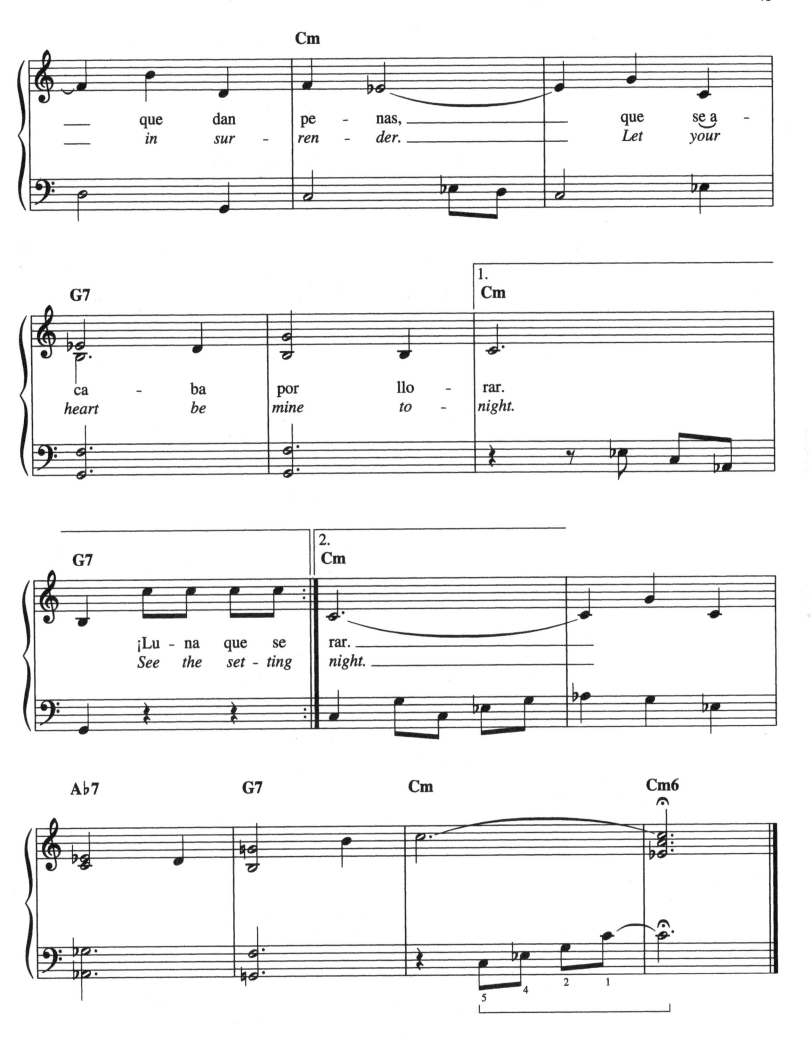

QUIEN SERÁ
(Sway)

English Words by NORMAN GIMBEL
Spanish Words and Music by PABLO BELTRAN RUIZ

Quien se - rá la que me quie - ra a - mí ____
When ma - rim - ba rhy - thms start to play, ____

Quien se - rá ____ Quien se - rá ____
dance with me, ____ make me sway. ____

Quien se - rá la que me dé su a - mor ___
Like the la - zy o - cean hugs the shore, ___

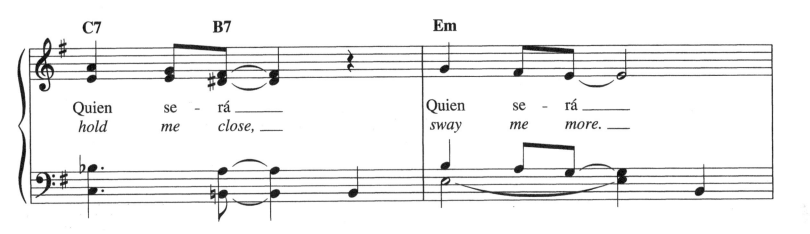

Quien se - rá ___
hold me close, ___

Quien se - rá ___
sway me more. ___

Yo no sé si la po - dré en - con - trar ___
Like a flow - er bend - ing in the breeze, ___

Yo no sé ___
bend with me, ___

Yo no sé ___
sway with ease. ___

Yo no sé si vol - ve - ré a que - rer ____
When we dance you have a way with me, ____

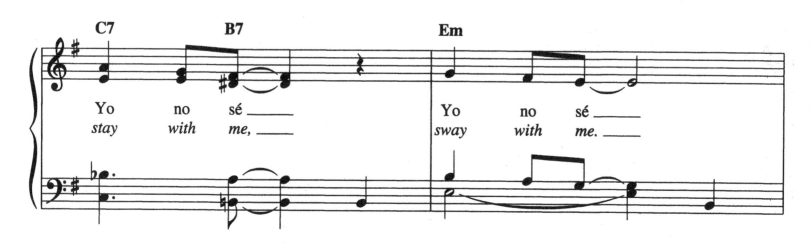

Yo no sé ____
stay with me, ____

Yo no sé ____
sway with me. ____

He que - ri - do vol - ver a vi - vir
Oth - er danc - ers may be on the floor,

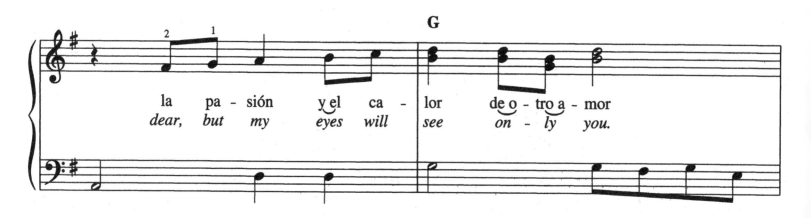

la pa - sión y el ca - lor de o - tro a - mor
dear, but my eyes will see on - ly you.

de o - tro a - mor que me hi - cie - ra sen - tir
On - ly you have that mag - ic tech - nique;

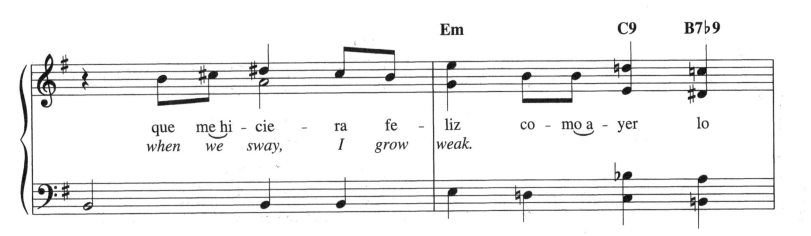

que me hi - cie - ra fe - liz co - mo a - yer lo
when we sway, I grow weak.

fuí Quien se - rá la que me quie - ra a - mí ___
I can hear the sound of vi - o - lins, ___

Quien se - rá ___ Quien se - rá ___
long be - fore ___ it be - gins. ___

SIEMPRE EN MI CORAZÓN
(Always in My Heart)

Music and Spanish Words by ERNESTO LECUONA
English Words by KIM GANNON

Siem-pre es-tá en mi co-ra- zón
You are al-ways in my heart

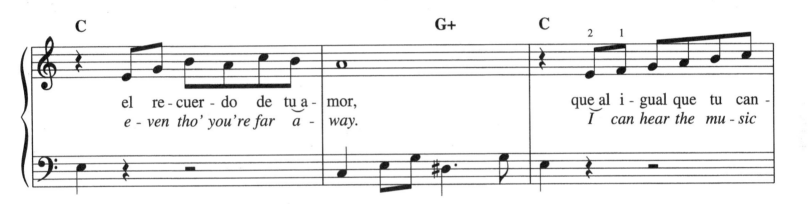

el re-cuer-do de tu a- mor,
e-ven tho' you're far a- way.

que al i-gual que tu can-
I can hear the mu-sic

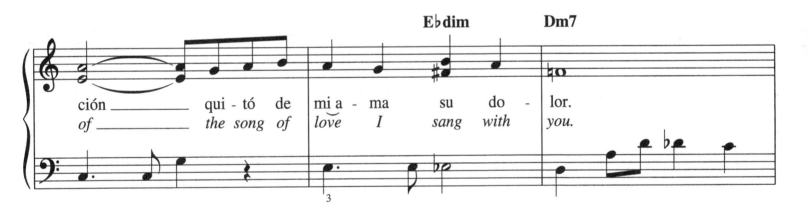

ción _____ qui-tó de mi a-ma su do- lor.
of _____ the song of love I sang with you.

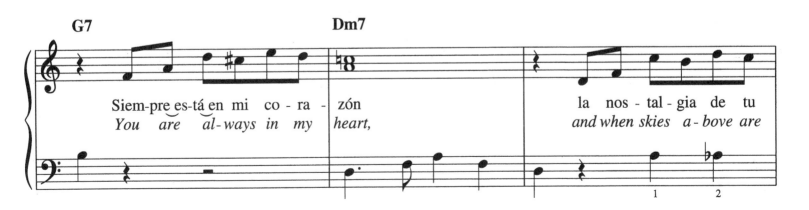

Siem-pre es-tá en mi co-ra- zón
You are al-ways in my heart,

la nos-tal-gia de tu
and when skies a-bove are

ser
grey,
ya ho-ra pue-do com-pren-
I re-mem-ber that you
der _____ qué dul-ce ha-
care _____ and then and

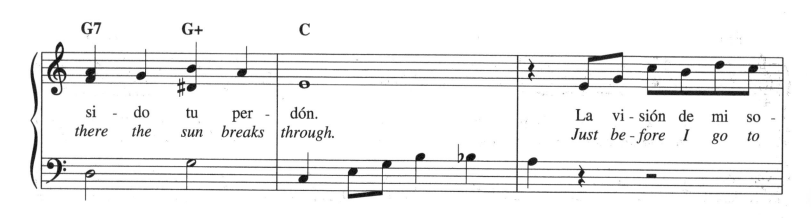

si - do tu per - dón.
there the sun breaks through.
La vi-sión de mi so-
Just be-fore I go to

ñar
sleep
me hi-zo ver con e-mo - ción,
there's a ren-dez-vous I keep,

que fue tu al-ma in-spi - ra -
and the dream I al-ways
ción _____ don-de a-pla - qué mi sed de a-
meet _____ helps me for - get we're far a-

SABOR A MÍ
(Be True to Me)

Original Words and Music by ALVARO CARILLO
English Words by MEL MITCHELL

Slowly, with feeling

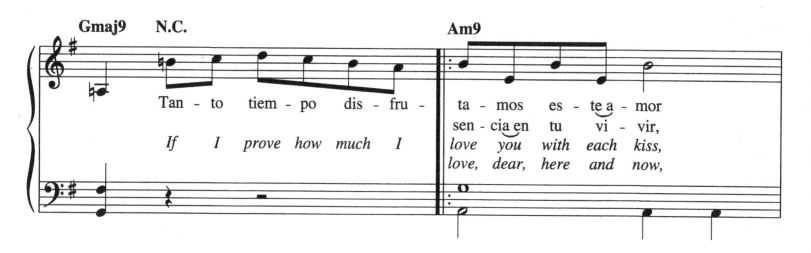

Tan - to tiem - po dis - fru - ta - mos es - te a - mor
sen - cia en tu vi - vir,
If I prove how much I love you with each kiss,
love, dear, here and now,

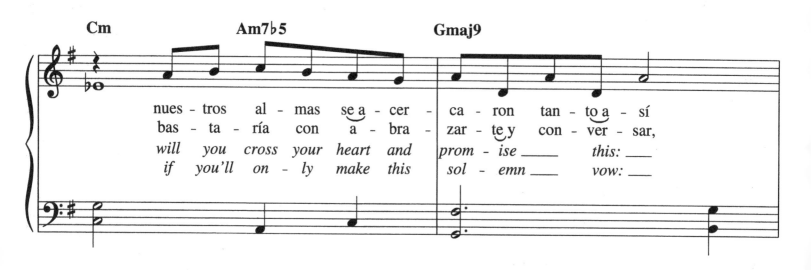

nues - tros al - mas se a - cer - ca - ron tan - to a - sí
bas - ta - ría con a - bra - zar - te y con - ver - sar,
will you cross your heart and prom - ise ____ this: ____
if you'll on - ly make this sol - emn ____ vow: ____

53

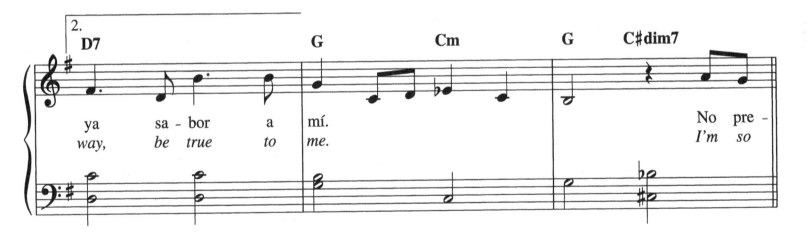

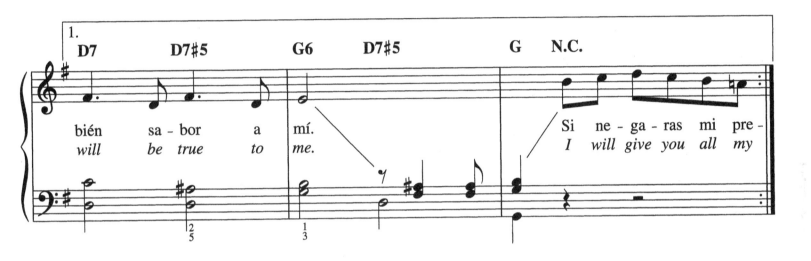

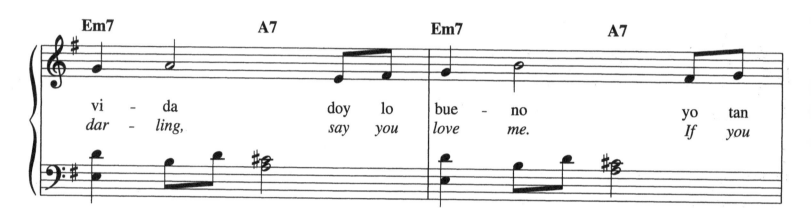

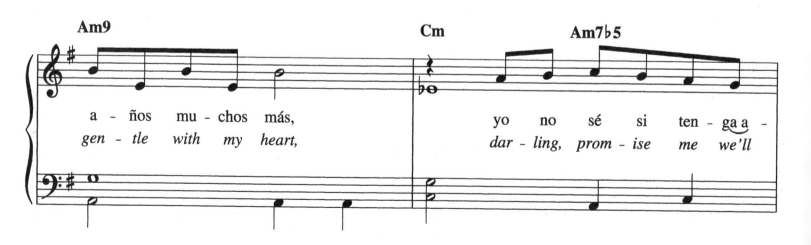

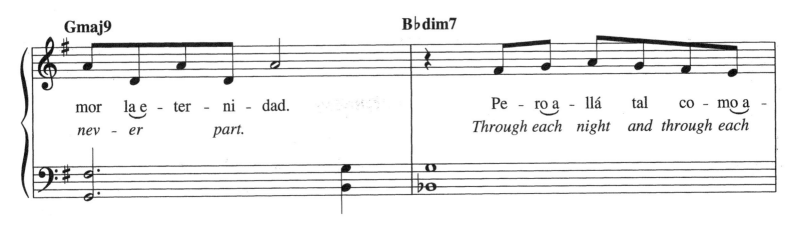

mor la e - ter - ni - dad.
nev - er part.

Pe - ro a - llá tal co - mo a -
Through each night and through each

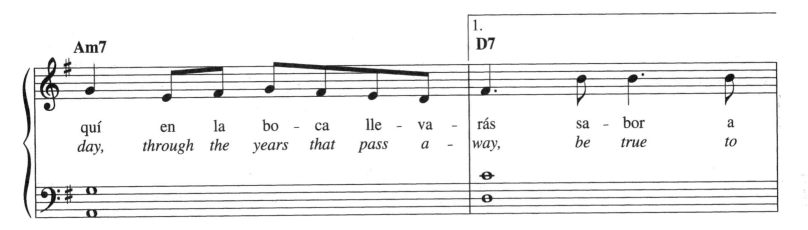

quí en la bo - ca lle - va - rás, sa - bor a
day, through the years that pass a - way, be true to

mí.
me.

No pre - rás, sa - bor a
I'm so way, be true to

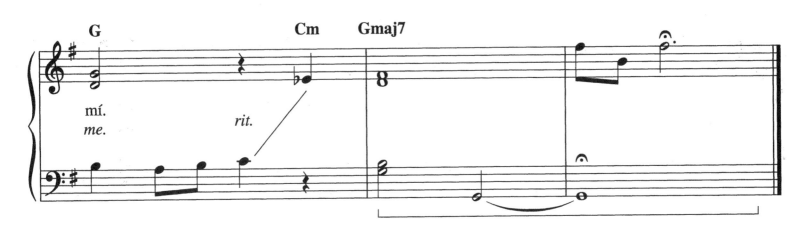

mí.
me.

rit.

SOMOS NOVIOS
(It's Impossible)

English Lyric by SID WAYNE
Spanish Words and Music by ARMANDO MANZANERO

Como   to - dos ____   pro - cu -
If I   had   you, ____   could I

ra - mos el mo - men - to más os - cu - ro ____
ev - er want for more? It's just im - pos - si - ble.

pa - ra ha - blar - nos ____   pa - ra
And   to - mor - row, ____   should you

dar - nos el más dul - ce de los   be - sos ____   re - cor -
ask me for the world, some - how I'd   get   it. ____   I would

TODO Y NADA

Words and Music by
VINCENTE GARRIDO

Moderately

To - do ___ ___ lo que ten - go en la
Pe - ro ___ ___ co - mo no me has que -

vi - da, mi ter - nu - ra es - con - di - da, ___
ri - do y lo que te he ofre - ci - do ___

___ mi ilu - sión de vi - vir,
___ no te pue - de im - por - tar,

TU FELICIDAD
(Made for Each Other)

Original Words and Music by RENE TOUZET
English Words by ERVIN DRAKE
and JIMMY SHIRL

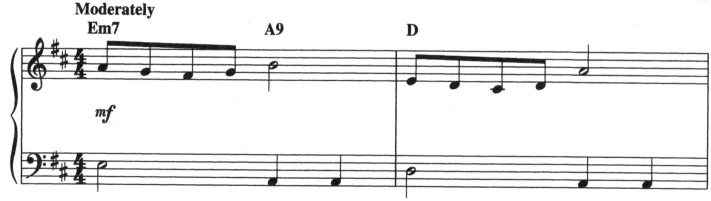

Di que me
Made for each

quie - res, _____ a - sí, a - sí _____ y co - mo en -
ber que _____ ya nun - ca más _____ Vol - ve - ré a
oth - er, your heart and mine, made for each
life - time love comes your way. Now is the

ton - ces _____ que e - res fe - liz _____ pues ne - ce -
ver tu _____ llan - to a so mar _____ por - que mi
oth - er _____ from one de - sign. _____ Right from the
right time; _____ let's make it stay, _____ 'cause you're the

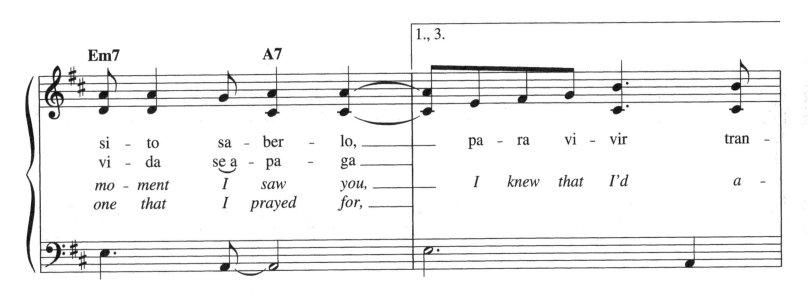

si - to sa - ber - lo, _____ pa - ra vi - vir tran -
vi - da se a - pa - ga _____
mo - ment I saw you, _____ I knew that I'd a -
one that I prayed for, _____

qui - lo Quie - ro sa - _____ en tu mi - ra - da
dore you! Once in a _____ the love that I was

64

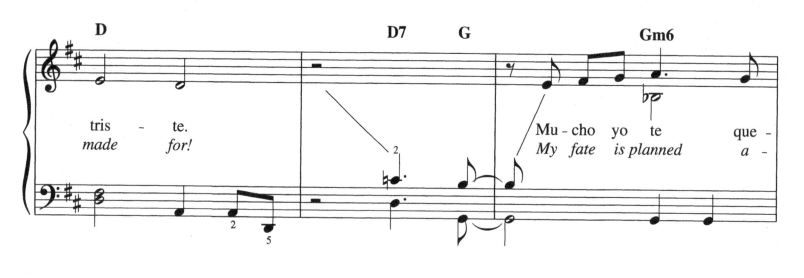

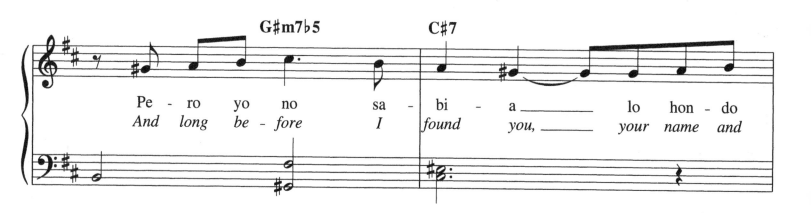

quie - res _____ a - sí, a
oth - er _____ like sun and

sí _____ di co - mo en -
sky, _____ we'll have each

ton - ces _____ que e - res fe -
oth - er _____ as years go

liz _____ por - que mi
by. _____ We'll share to -

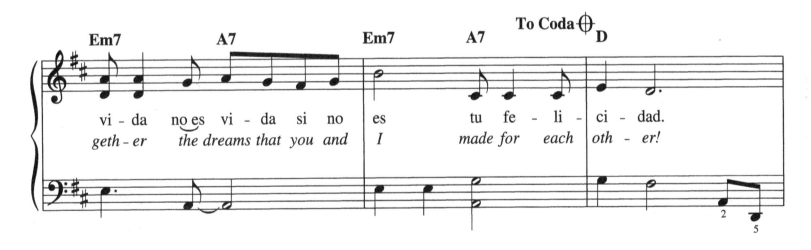

vi - da no es vi - da si no es
geth - er the dreams that you and I

tu fe - li - ci - dad.
made for each oth - er!

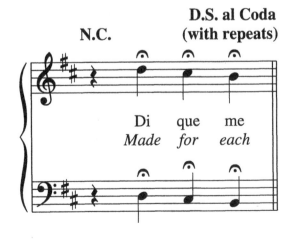

Di que me
Made for each

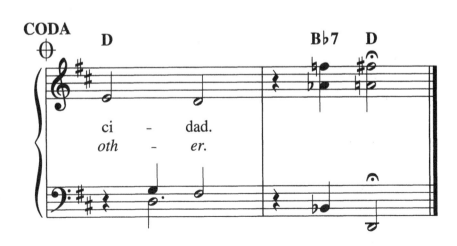

ci - dad.
oth - er.

USTED

Music by GABRIEL RUIZ
Words by JOSE ANTONIO ZORRILLA

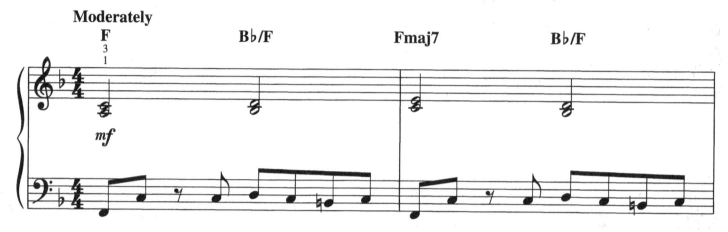

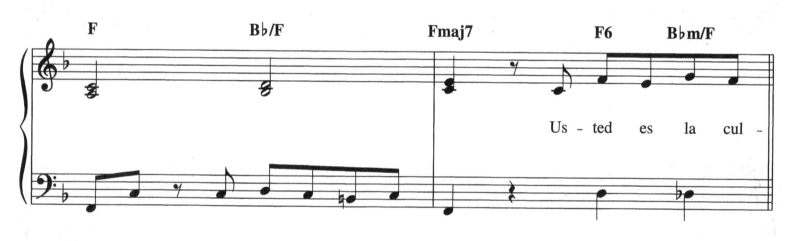

Us - ted es la cul -

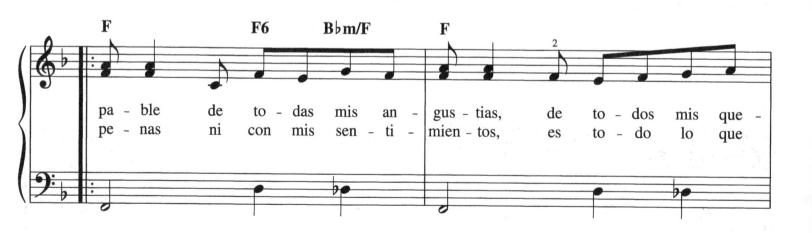

pa - ble de to - das mis an - gus - tias, de to - dos mis que -
pe - nas ni con mis sen - ti - mien - tos, es to - do lo que

Gm7 **C7**

bran -   tos, _____ us - ted lle - nó mi

ten -   go, _____ us - ted es mi es - pe -

Gm7 **C7** **Gm7** **C7**

vi - da de dul - ces in - quie - tu - des y a - mar - gas de - sen -

ran - za, mi úl - ti - ma es - pe - ran - za, com - pren - da de u - na

1.

F

can -   tos, su a - mor es co - mo un

F/A **G#dim7**

gri - to que lle - vo a - quí en mi san - gre y a - quí en mi co - ra -

Gm7   **Eb9**

pe - ra,   me ma - ta, me en - lo -

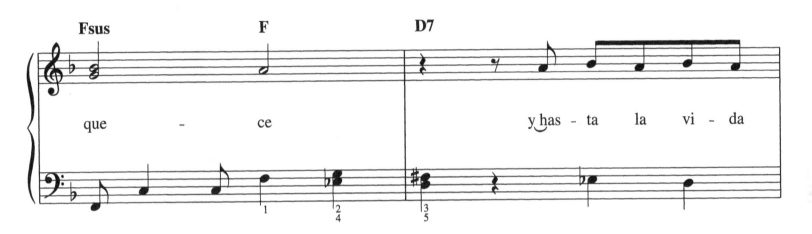

Fsus   **F**   **D7**

que - ce   y has - ta la vi - da

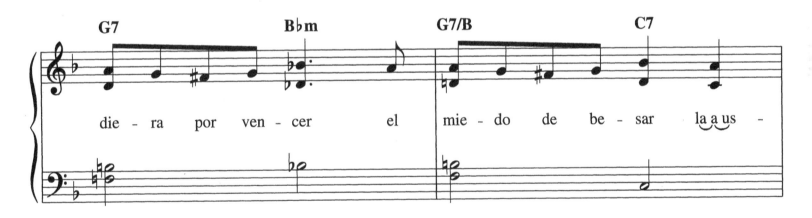

G7   **Bbm**   **G7/B**   **C7**

die - ra por ven - cer el mie - do de be - sar la a us -

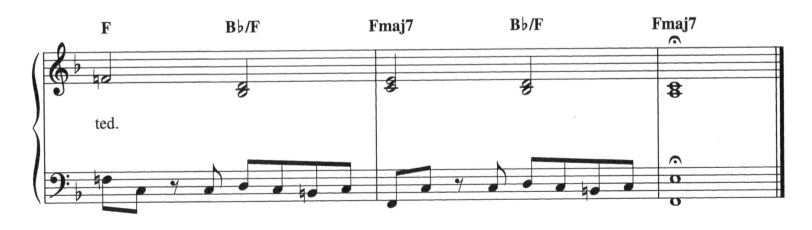

F   **Bb/F**   **Fmaj7**   **Bb/F**   **Fmaj7**

ted.

SOLAMENTE UNA VEZ
(Only Once in My Life)

Music and Spanish Words by AGUSTIN LARA
English Words by RICK CARNES
and JANIS CARNES

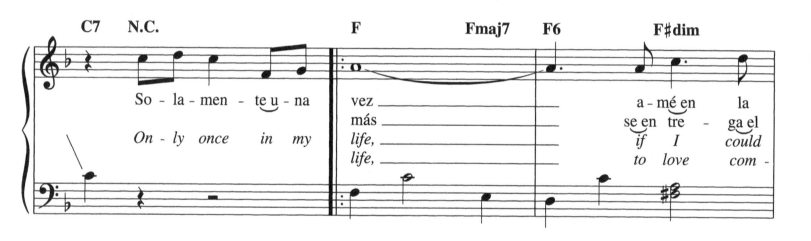

So - la - men - te u - na vez _____ a - mé en la
Only once in my life, _____ if I could
más _____ se en tre - ga el
life, _____ to love com -

vi - da, so - la - men - te u - na
al - ma, con la dul - ce y to -
hold you, on - ly once I might
plete - ly; spend the rest of my

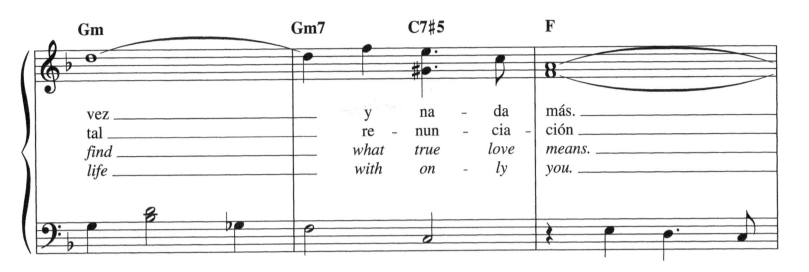

	Gm		Gm7	C7#5	F	
vez			y	na - da	más.	
tal			re -	nun - cia -	ción	
find			*what*	*true love*	*means.*	
life			*with*	*on - ly*	*you.*	

	U - na	vez	na - da más	en	mi
	y cuan -	do e -	se mi - la - gro	rea -
	I'm a	*fool*	*just to hope*	*I*	*could*
	In a	*prayer*	*or a dream*	*to*	*be -*

		F#dim		C7	
huer - to bri - lló	la es - pe -	ran -	za,
li - za el pro - di - gio de a -	mar -	se,
know	*that mo - ment of*	*sur - ren -*	*der,*
lieve	*that love could last*	*for - ev -*	*er,*

3

la es - pe - ran - za que a - lum - bra el ca -
hay cam - pa - nas de fies - ta que
the sur - ren - der to the mag - ic of
and for - ev - er could be some - thing that

mi - no de mi so - le - dad.
feel - ing your lips a - gainst mine.

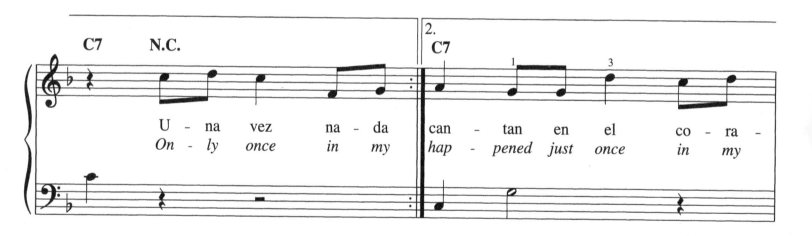

U - na vez na - da can - tan en el co - ra -
On - ly once in my hap - pened just once in my

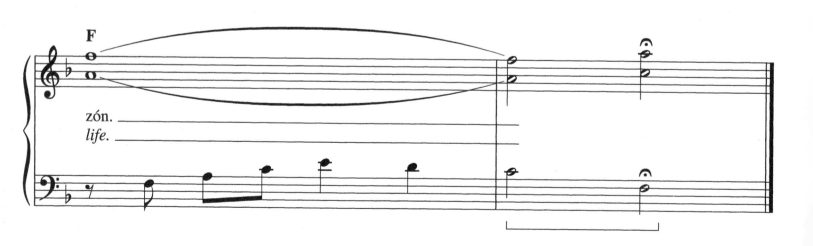

zón. _____
life. _____